Lise Gast

Wuschi der Waschbär

Bilder von Rolf Rettich

Carl Habel Verlag

Wer von euch hat schon einmal einen Waschbären gesehen? Wer nicht, der guckt sich das Bild nebenan einmal recht genau an und liest, was ich davon erzähle!

Ein Waschbär ist ungefähr so groß wie ein dicker, dicker Kater. Er ist graubraun, hat einen langen, dunkelgeringelten Schwanz, spitze Ohren, eine spitze Nase und eine ulkige Gesichtszeichnung: von der Stirn bis zum Schnäuzchen zieht sich ein dunkler Strich, und beide Augen sind dunkel umrandet, so daß es aussieht als trüge der Bär eine schwarze Maske, ungefähr wie die, die ihr manchmal zum Fasching aufsetzt. So könnt ihr die Waschbären nie mit anderen Tieren, mit Hunden oder Dachsen oder Füchsen verwechseln.

Die Waschbären stammen aus Kanada; das liegt im Norden von Amerika. Aber auch bei uns gibt es welche, die wild leben: die Förster haben sie ausgesetzt, um zu sehen, wie sie sich in unseren Gegenden eingewöhnen. Da waren sie sofort zu Hause, und es gab bald viele, viele. Manche Leute aber halten Waschbären auch als Haustiere, so wie man sich Vögel oder Meerschweinchen hält. Sie füttern sie und machen sie zahm, und manchmal bekommen die Waschbärinnen dann auch Junge. Die sind niedlich!

Von solchen Waschbären will ich euch erzählen.

Stefans Vater hält sich Waschbären. Er wohnt auf der Hühnerfarm „Gackelei", draußen vor der Stadt. Sie ist vielleicht ein bißchen altmodisch, aber herrlich

für Kinder. Da sitzen die Hühner nicht in Drahtkäfigen, sondern sie laufen auf einer grünen Wiese umher, und die Hähne krähen. In den Kästen an der Stallwand mümmeln Kaninchen ihr Grünfutter in sich hinein, der Hund bellt, wenn jemand kommt, Katzen schnurren, und aus ihrem Verschlag heraus meckern Ziegen.

Stefans Vater ist sehr tierlieb. Deshalb bekam er auch einmal einen Waschbären geschenkt. Für den kaufte er eine Waschbärenfrau, und seitdem gibt es auf der Hühnerfarm jedes Jahr junge Waschbären, die später, wenn sie groß genug sind, verkauft werden. Stefan wartet schon immer auf die Kleinen, und alle aus seiner Klasse beneiden ihn, – am meisten aber Monika.

Denn Stefan hat nicht nur Waschbären daheim, sondern auch fünf Geschwister. Monika hat weder Bruder noch Schwester, und sie wohnt in der Stadt. Darüber ist sie oft betrübt. Sie würde ach so gern ein Tier haben, einen Hund, oder eine Katze, oder, – das am allerliebsten, – einen Waschbären. Aber Hunde sind in der Stadtwohnung nicht erlaubt, auch Katzen nicht, und Meerschweinchen schon gar nicht. Überhaupt kein Tier darf sie dort haben. Monika denkt manchmal, daß es doch ein bißchen sehr ungerecht in der Welt zugeht: der eine, Stefan zum Beispiel, hat alles, und sie gar nichts. Darum geht sie nachmittags oft, wenn die Schularbeiten fertig sind, zur „Gackelei" hinaus. Manchmal radelt sie auch, um eher dort zu sein. Sie hat ein schönes rotes Fahrrad mit einer tollen Klingel. Das bewundert Stefan sehr, denn er besitzt noch keins, und sein großer Bruder läßt ihn nur

selten auf seinem fahren. Aber Monika findet, ein Fahrrad ist kein Ersatz für ein Tier.

Dieses Jahr gab es übrigens großen Kummer auf der „Gackelei": die Waschbärenfrau ist ausgerückt, weil jemand die Tür des Geheges offen stehen ließ. Nun ist Herr Waschi allein und macht einen ganz gedrückten Eindruck. Alle merken es. Stefans Vater überlegt, was man tun könnte.

Eines Tages erscheint Stefan strahlend in der Schule: heute nachmittag kommt eine neue Waschbärenfrau, er darf sie abholen.

„Gehst du mit?" fragt er Monika. Die nickt begeistert und radelt am Nachmittag zur „Gackelei" hinaus, und dort nehmen die beiden Kinder den Handwagen und ziehen damit los, zum Bahnhof. Um fünf nachmittags soll die neue Frau Waschbärin kommen.

Stefan und Monika haben, genau wie Stefans Vater auch, natürlich gedacht, das Tier käme in einem Käfig oder einer Kiste wie die andern auch. So sind die Kinder sehr erstaunt, als aus dem Fünf-Uhr-Zug eine junge Frau aussteigt, die um die Schultern einen Trachtenumhang trägt, wie er jetzt Mode ist – schwarz, aus Hirtenloden, mit Hirschhornknöpfen und einem bunten Börtchen. Sie hat lustige braune Augen und macht den Kindern ein Zeichen.

„Ihr zwei seid doch von der Gackelei, nicht wahr? Gut, dann kommt mal mit", und sie geht mit ihnen ein Stück vom Bahnhof weg, schlägt den Umhang auseinander, und –

„Da ist er!" jubeln die Kinder. Auf ihrem Arm sitzt der neue kleine Bär.

„Er hat nämlich auf der Bahn nicht bezahlt", lacht die junge Frau, „ich wußte nicht, sollte ich eine Kinderfahrkarte nehmen oder eine für einen Hund. Da hab ich einfach den Umhang darumgeschlagen, und keiner hat was gemerkt. Er sitzt nämlich nicht gern eingesperrt in einer Kiste, und ich wollte auch sehen, in welche Hände er kommt."

Nun, das Entzücken der Kinder beruhigt sie. Monika hat die Arme aus-

gestreckt, und die junge Frau legt den Waschbären hinein. Er kuschelt sich sofort zutraulich an Monika, fährt ihr mit seiner spitzen Nase ins Gesicht und klammert sich mit den schwarzen, bekrallten Pfötchen an ihren Pullover, ohne ihr weh zu tun. Monika fühlt das warme Zutrauen des Tieres und ist selig.

„Ich trage ihn nach Hause!" strahlt sie.

„Das wird ein bißchen schwer für dich", lächelt die junge Frau. Dann aber sieht sie den Handwagen und ist beruhigt. „Na herrlich, da setzen wir dich hinein, und dein Bruder zieht dich. Habt ihr es weit?"

„Nicht mal eine halbe Stunde!" versichern die Kinder.

„Dann fahre ich jetzt gleich wieder zurück. Ich habe nämlich zu Hause viel zu tun. Und vergeßt nicht, ihm zu trinken zu geben, wenn ihr ankommt, und immer, wenn es heiß ist, muß er baden können. Und Eier ißt er am liebsten – na, die wird es ja bei euch geben! Grüßt euern Vater, ich hab mit ihm telefoniert!"

Sie lacht und winkt und läuft zum Bahnhof zurück, wo eben der Zug einfährt, in den sie einsteigen muß. Stefan und Monika winken auch und wenden sich dann zufrieden um. Stefan faßt die Deichsel und marschiert los, das Wägelchen hinter sich, in dem Monika sitzt. Sie hält den Waschbär auf ihrem Schoß. Alle Leute, die sie treffen, sehen ihnen nach, und viele rufen ein paar lustige Worte. Die Kinder sind glücklich und stolz.

Stefans Vater ist nicht da, als sie ankamen, wohl aber Mutter und Geschwister. Mit großem Hallo bewundern alle den neuen Hausgenossen. Der aber will nicht von Monika weg, krallt sich an sie an und faucht sogar, wenn man ihn streicheln will. Auch einen Zwieback, den eins der Kinder bringt, nimmt er nur aus ihrer Hand – sie wird ganz rot vor Glück. Dann bekommt er noch ein Ei. Das dreht er geschickt in seinen Pfötchen und beißt es schließlich am stumpfen Ende auf, um es dann auszuschlappern. Von ihrem Arm herunter aber will er nicht. So setzt Monika sich mit ihm auf die Küchenbank und wartet erst einmal ab.

Abends kommt Stefans Vater nach Hause. Er ist ein freundlicher Riese mit guten, geschickten Händen, aber auch zu ihm mag der Bär nicht. So muß Monika ihn zum Gehege tragen, damit die beiden Bären sich kennenlernen können.

„Erst einmal durch den Maschendraht, da können sie einander beschnuppern", rät Stefans Vater.

Aber, o Graus! Waschi ist überhaupt nicht entzückt von seinem neuen Artgenossen, er fährt am Draht des Geheges

hin und her und faucht – und der neue Bär faucht zurück.

„Nanu?" wundert sich Stefans Vater. „Die beiden werden sich schon aneinander gewöhnen. Erst einmal kann der neue Bär in der Küche bleiben, wenn er an Menschen gewöhnt ist."

In der Küche der „Gackelei" gibt es einen schmalen Schrank, der immer offensteht. Das hat seine Gründe. Das unterste Fach dieses Schrankes ist dick mit Papier ausgelegt. In die eine Ecke hat Stefans Mutter ein Bündel Heu gelegt. In der andern steht ein flacher Blechkasten mit Torfmull.

Dieses Schrankfach heißt das Katzenstübchen. Wenn nämlich einmal eine der vielen Katzen nachts oder tags in der Küche eingesperrt ist – das kommt in einem Haus vor, wo so viele junge und ältere Leute aus – und eingehen –, so spaziert sie, wenn sie einmal „muß", in das Torfmullkästchen. Und wenn sie schlafen will, rollt sie sich im Heu zusammen. Auf diese Weise gibt es nie ein wohlriechendes Unglück in der Gackeleiküche.

Dieses Katzenstübchen bezieht nun

der neue Bär. Stefans Vater meint, Monika solle versuchen, ihn hineinzubringen, sie könnte ihn ja nicht die ganze Nacht auf dem Schoß halten. Sie tut es. Der kleine Bär rollt sich sofort im Heu zusammen und ist zufrieden. Monika ist darüber ein bißchen froh und ein bißchen traurig. Es war sehr hübsch, als er sich so fest an sie klammerte – aber schließlich muß sie ja auch einmal nach Hause.

„Aber ich komm morgen wieder!" versichert sie. Stefans Vater lacht. „Tu das nur!"

Am nächsten Morgen bettelt Monika: „Gibst du mir heute ein doppeltes Pausenbrot mit, Mutti? Bitte, bitte!"

Mutti, die berufstätig ist und immer ins Büro geht, sobald sich Monika auf ihren Schulweg gemacht hat, wundert sich

„Hast du jetzt solchen Hunger? Das ist aber recht!"

„Ja, ich – und darf ich gleich nach der Schule mit zu Stefan gehen?" fragt Monika mit bettelnden Augen. „Dann esse ich dort mein zweites Brot – und du brauchst mittags nicht heimzukommen. Bitte sag ja, Mutti!"

„Gut, meinetwegen", sagt Mutti, die dran denkt, daß im Büro viel zu tun ist. Wenn sie die Mittagspause dortbleibt, ist das nur gut. Vati kommt sowieso erst abends heim.

„Schön, Moni. Aber Schularbeiten

werden gemacht, verstanden? Stefan muß das ja auch tun. Ich sehe mir deine dann am Abend an."

„Danke, Mutti!" Monika springt davon.

„Wie gehts ihm?" fragt sie sofort, als sie in die Klasse kommt. Stefan weiß natürlich, wen sie meint: den neuen Bären.

„Er sitzt noch immer im Katzenstübchen", berichtet er, „hat die ganze Nacht dort gesessen. Und gefressen hat er noch nichts. Ich hab' ihn gelockt, aber er hat bloß gefaucht."

„Ich bring' ihm was mit!" Monika hat heute früh die beiden Zuckerstückchen, die sie sonst in ihren Kindertee plumsen läßt, in die Tasche gesteckt. Daß Bären gern Zucker fressen, weiß sie vom ersten Waschi her.

Und wirklich, von ihr nimmt der Bär den Zucker, ja er nimmt sogar noch ein Stück Zwieback und ein paar

Nüsse, die er geschickt aufbeißt. Knack, knack – es sieht putzig aus und gleichzeitig so manierlich, fast wie ein Mensch, der in ein knuspriges Brötchen beißt. Monika schaut entzückt zu.

„Dann komm ich eben immer und füttere ihn", sagt sie wichtig. Stefans Mutter lacht und streicht ihr über den Kopf. Sie mag die Kleine gern und freut sich, wenn sie bei ihnen ist.

Der übernächste Tag ist ein Sonntag. Monika freut sich schon drauf, den ganzen Tag auf der „Gackelei" zu sein und schlüpft in Pulli und Leinenhose. Beim Frühstück aber sagt Mutti, heute sollte sie sich hübsch machen und ihr Dirndlkleid anziehen, denn heute würden sie mit Vati einen langen Spaziergang machen. Monika fällt beinahe das Brötchen aus der Hand.

„Ich wollte aber doch..."

„Zu Stefan? Dahin kannst du morgen wieder laufen", sagt Mutti und gießt ihr Milch ein.

„Aber dort -- Wuschi -- er frißt nicht, wenn ich ihn nicht füttere", jammert Monika. Mutti lacht.

„Er wird es schon lernen! Das lernen alle Tiere, wenn sie erst einmal richtig hungrig sind. Du bist jeden Tag draußen auf der Gackelei, und ich habe auch nichts dagegen, aber heute kommst du einmal mit uns."

Es hilft nichts. Monika muß sich umziehen, und nach einer halben Stunde sitzt sie hinter Vati und Mutti im Auto und fährt mit ihnen los. Eine kleine Hoffnung hatte sie, daß Vati vielleicht die Richtung nach der Hühnerfarm zu einschlagen würde. Aber er biegt nach der andern Seite ab. Später läßt er den Wagen am Waldrand stehen, und sie

MILCH
KAFFEE

gehen zu Fuß weiter. Mutti führt Monika an der Hand und plaudert mit ihr. Aber Monika ist still und sagt von sich aus nicht viel. Dann finden sie Erdbeeren. Da wird Monika lebhaft.

„O, wie schön! Und so süß! Wo kann ich sie denn hineintun?"

„In den Schnabel!" sagt Vati und lacht. Monika aber will sie doch so gern mit heimnehmen können. Da weiß Vati Rat.

„Ihr pflückt inzwischen und sammelt sie hier auf das Papier"– er breitet ein Blatt aus seiner Brieftasche aus- „und ich geh' ein Stückchen zurück. Vorhin hab' ich Binsen gesehen. Daraus machten wir uns Körbchen, als wir noch klein waren." Vati ist auf dem Dorf aufgewachsen.

So wird es gemacht. Vati flicht einen Korb, etwa so groß oder so klein wie Monikas Faust, Mutti tut ein wenig Moos hinein, und dann pflücken alle drei, damit das Körbchen auch voll wird.

„Die bring' ich Wuschi mit, der wird sich freuen!" strahlt Monika. Vati und

Mutti haben sich das schon gedacht und lachen.

„Ich weiß noch was Feineres", sagt Vati, „wir gehen ein bißchen eher zurück, und ich fahre noch an der Gackelei vorbei. Dort besuchen wir deinen Bär. Ich möchte ihn doch auch mal sehen!"

Nun ist der Sonntag doch noch ein Sonntag geworden!

Eines Tages aber, o weh, hat Stefan eine schreckliche Nachricht, mit der er Monika empfängt, als sie zur „Gackelei" kommt.

„Moni, stell dir vor, Wuschi muß wieder fort!" sagt er betrübt. „Und weißt du, warum? Gestern hat mein Vater nochmal versucht, ihn zum Waschi zu bringen, und sie haben sich wieder wütend angegiftet. Da hat er gemerkt, daß Wuschi ein Bär ist und keine Bä-

rin! Und wir wollen doch ein Pärchen haben, damit wir nächstes Frühjahr wieder junge Waschbären bekommen. Nun muß Wuschi zurück -- die Leute, von denen er ist, haben es sicher am Telefon falsch verstanden und gedacht, wir wollten einen Bären. Da müssen wir ihn umtauschen."

„Wuschi umtauschen? Nein! Wuschi darf nicht weg!" jammert Monika. „Wuschi ist so süß – und so zahm – und er hat mich so lieb –." Gerade kommt Stefans Vater. Sie läuft zu ihm hin.

„Bitte, bitte, Wuschi darf nicht fort! Bitte schicken Sie ihn nicht zurück! Ich habe ihn doch so lieb, er holt mir jetzt die Nußkerne schon aus den Hosentaschen, wenn ich mich vor ihn hinhocke. Bitte..."

Stefans Vater sieht das kleine Mädchen gerührt an. Aber er sagt:

„Wir wollen doch junge Waschbären haben, Monika. Weißt du noch, wie süß die sind? Und eine neue Bärin gewinnst du sicher auch lieb."

„Nicht so lieb wie Wuschi! Nie! Er mag mich doch auch so gern! Er kommt aus dem Katzenstübchen heraus und auf meinen Schoß, wenn ich ihn rufe, und er trillert, wenn ich ihn streichle – und – und – und –" Monika bricht in Tränen aus.

Stefans Vater fühlt, wie ihm das Herz weh tut. Er hebt Monika auf seine Knie und drückt ihr Gesicht an seine Brust.

„So lieb hast du deinen Wuschi?" Und dann, auf einmal ganz fröhlich: „Weißt du, was, Moni? Ich weiß was ganz Schönes! Wir kaufen dem Waschi eine neue Waschifrau, und den Wuschi schenk' ich dir. Einverstanden?"

„Mir?" Monika hebt das naßgeweinte Gesicht. „Mir ganz richtig? Zum Behalten? Zum Mit-nach-Hause-nehmen?"

„Ja. Genau! Du hast doch Platz für ihn?"

„Natürlich! Ein ganzes Zimmer! O wenn Sie das wirklich-wirklich-"

„Du kannst ihn haben", sagt Stefans Vater und lacht, selbst ganz glücklich über diese Lösung. „Wenn du ihn so lieb hast - weißt du, drei in einem Gehege, das ginge nicht. Da würden sich die beiden Bären bestimmt um die Bärin raufen. Nimm ihn - bei dir hat er es bestimmt gut."

„Bestimmt! Nur-" Monika spricht nicht weiter. Stefans Vater lacht.

„Nun, doch ein Aber?" Er fragt es so nett, daß Monika Mut faßt.

„Darf ich - darf ich - wenigstens für zuerst - auch das Blechkästchen mitnehmen? Das aus dem Katzenstübchen? Und

HÖHNERFA

einen Eimer Torfmull?" fragt sie schnell und leise. Stefans Vater nickt, hebt sie vom Schoß herunter und nimmt sie an der Hand.

„Wir haben noch ein zweites. Das bekommst du. Wir holen es gleich. Also – wann darf Wuschi bei dir einziehen?"

„Wann fahren Sie denn das nächste Mal Eier in die Stadt?" fragt Monika. „Dann könnte ich doch vorher kommen und einen Korb mitbringen, da setzen wir Wuschi hinein, und Stefan fährt mit uns."

So also wird es vereinbart. Stefan weiß natürlich, daß niemand bei Monika daheim etwas ahnen darf – er sagt aber kein Wort. Sein Vater borgt sich, wie immer zu diesem Zweck, vom Nachbarn Pferd und Wagen, lädt seine Eierkästen ein, dann den Korb mit dem Wuschi und das Blechkästchen, und schließlich die beiden Kinder. So kutschieren sie zur Stadt. Vor Monikas Haus hält er. Die Kinder klettern mit ihrem Gepäck hinunter.

„Ich hol' dich nachher hier ab!" ruft der Vater Stefan zu. Als er fort ist, holt Monika den Schlüssel von der Flurnachbarin. Den hat diese immer, wenn Mutti nachmittags im Büro ist und Monika bei Stefan. Sie darf ihn sich jederzeit holen, wenn sie heim will.

So geht alles in Ordnung. Und so kommt ein kleiner Bär in eine Stadtwohnung, ohne daß jemand es merkt – weder die Nachbarin noch der Vermieter, weder Vati noch Mutti. Monika kann selbst noch kaum fassen, daß ihr heißester Wunsch nun erfüllt ist.

Sie hat den Korb mit Wuschi in die Ecke hinter dem Schrank gestellt, den Blechkasten daneben und bringt Wuschi nun auf einer Untertasse Milch aus der Küche, die der Bär vergnügt aufschleckt.

„Und wenn hier sauber gemacht wird?" fragt Stefan bedenklich. Er weiß:

putzende Mütter dringen auch in dunkelste Ecken vor.

„Dann tu' ich ihn vorher in die Abstellkammer, weißt du, dort auf der andern Seite vom Flur", erklärt Monika, ihn und sich selbst beruhigend, „und am Abend hol' ich ihn wieder. Stefan,

nicht wahr, du sagst es niemandem, niemandem – – –"

„Ich sag' schon nichts", brummt Stefan. Auf Stefan ist Verlaß.

In der Nacht hört Monika ein Fiepen. Sie drückt auf das Knöpfchen ihrer Nachttischlampe und guckt. Zwei kleine schwarze Hände klammern sich an den Bettrand, und zwei blanke Augen blinken zu ihr auf. Sie schiebt sich aus dem Bett und schleicht auf nackten Sohlen zur Tür. Die ist nur angelehnt, sie führt ins Schlafzimmer der Eltern. Ganz ganz behutsam zieht Monika sie zu.

„Wuschi, du darfst doch nicht..."

Aber Wuschi fiept weiter. Und dann schiebt er sein rundes Hinterteil hoch, faßt mit der Hinterpfote nach und ist in Monikas Bett. Eigentlich dürfte er das

ja nicht, meint sie, aber wenn er dann zufrieden ist und das Fiepen läßt...

Sie kriecht vorsichtig wieder ins Bett, schiebt ihn behutsam nach unten, bis ans Fußende. Ihre Zehen fühlen Wuschis Fell. Es krabbelt und wärmt. Der Bär schnauft behaglich auf und scheint sofort einzuschlafen. Monika schließt die Augen. Eine Seligkeit erfüllt sie, die sie kaum fassen kann. Sie hat ein Tier, ein eigenes, lebendiges, warmes, geliebtes kleines Tier!

Seit sie in die Schule geht, muß Monika ihr Zimmer selbst aufräumen und ihr Bett jeden Tag ordentlich machen. Das ist nötig, weil Mutti ins Büro geht und nur einmal in der Woche eine Putzfrau kommt. Monika hat manchmal gemault, wenn sie aufräumen mußte, jetzt aber ist sie sehr froh. Noch nie war ihr Bett so glatt gestrichen, ihr ganzes kleines Reich so sauber und ordentlich gehalten wie jetzt. Mutti lobt sie.

Wann Frau Klostermann kommt, weiß Monika natürlich genau. Schon mittags zieht Wuschi dann in den Abstellraum, und Monika bleibt bei ihm, hält ihn auf dem Schoß und wartet, bis die Tür hinter der freundlichen Helferin zugefallen ist.

Mit Wuschi kann man herrlich spie-

len. Sobald Monika weiß, daß sie allein mit ihm ist, läßt sie alle Türen in der Wohnung offen. Und nun gibt es ein Getrappel durch alle Räume; Wuschi muß Entdeckungsreisen machen. Seine Zehennägel klappern auf dem Fußboden, wenn er umherwatschelt. Couch und Teppiche liebt er sehr. Im Bad aber legt er sich manchmal bäuchlings auf die Fliesen, wenn es recht heiß ist, und kühlt sich den Bauch. Er hat ja auch einen so dikken Pelz!

Monika erinnert sich, daß die junge Frau, die ihn brachte, gesagt hat, er müßte manchmal baden. So läßt sie die Badewanne voll kaltes Wasser laufen und hebt

Wuschi hinein. Das aber paßt ihm nicht. Er kann zwar schwimmen, aber dieser Teich kommt ihm komisch vor. Er hat so glatte, steile Wände! Monika merkt es und holt lieber die flache blaue Plastikwanne, in der Mutti sie selbst früher gebadet hat. Da hinein geht Wuschi freiwillig. Er platscht mit den Vorderpfötchen darin herum und steigt dann ganz hinein, hält aber den dicken, geringelten Schwanz hoch, damit der nicht naß wird.

Monika streut Nußkerne und Rosinen ins Wasser. Wuschi angelt danach, um sie dann zu verspeisen. Dabei tastet er im Wasser umher, während er in die Luft guckt – das sieht so komisch aus, daß Monika sich vor Lachen beinah verschluckt. Oft kommt jetzt auch Stefan, und sie spielen zu dritt in der Wohnung. Stefan erfindet immer neue Spiele.

Das eine heißt Hindernisrennen. Da

setzt sich Monika mit Wuschi an das Ende des Zimmers, und Stefan baut Hindernisse auf: das Bügelbrett wird auf die Seitenkante gestellt und die Stühle umgelegt. Und dann lockt er Wuschi mit einem Ei. Wuschi muß über alle Hindernisse hinwegturnen, ehe er das Ei bekommt. Eier sind sein schönstes.

Oder Verstecken. Da verstecken sich beide Kinder, und aus ihren Verstecken heraus versuchen sie, Wuschis Fiepen nachzumachen. Der Bär horcht und fängt an, herumzuschnuppern, und der, den er zuerst findet, hat gewonnen. Manchmal spielen sie auch Wettrennen. Weil die Kinder längere Beine haben als der Bär, müssen sie auf einem Bein hüpfen, während er auf allen Vieren laufen darf. Das gibt ein Gehopse und Gerumpel in der Wohnung, weil man dauernd an die Möbel oder aneinander stößt – und ein Gelache! Einmal fällt

Stefan bei diesem Spiel gegen Monikas Bücherregal und das kippt, und alle Bücher poltern ins Zimmer. Da schellt es plötzlich an der Flurtür. Monika erschrickt und schleicht, gar nicht mehr lachend, hin.

„Wer ist da?" fragt sie leise.

Die Frau, die unter ihnen wohnt, sagt ihren Namen.

„Was ist denn bei euch los, es hat doch so gekracht? Und es pumpert dauernd–"

„Ach, gar nichts", stammelt Monika, „ich räume nur auf, wissen Sie. Und da ist mir auf einmal das Bücherregal umgefallen, ja, ich weiß auch nicht, ganz von alleine..."

„Wir müssen leiser spielen", sagt sie zu

Stefan, als sie zurückkommt, „sonst erzählt sie es womöglich Mutti."

Kleinlaut sammeln die Kinder die Bücher auf. Leise spielen ist Stefan von der „Gackelei" her nicht gewöhnt. Dort gibt es keinen Nachbarn und keine Leute, die darüber oder darunter wohnen. Da kann man Radau machen. Monika beneidet ihren Freund wieder einmal. Ach ja ...

Und eines Tages kommt Vati eher vom Dienst zurück. Es ist sehr heiß, und die Kinder haben für Wuschi ein Bad im Flur zurechtgemacht. Stefan gießt gerade die flache Wanne voll, und Monika müht sich, Wuschi ein Puppenhöschen als Badehose anzuziehen. Da hört man Schritte auf der Treppe und gleich darauf das Geräusch eines eingesteckten Schlüssels. Monika wird blaß. Sie springt auf, will mit Wuschi in den Abstellraum laufen und stößt dabei Stefan so heftig, daß ihm die Wasserkanne aus der Hand fällt. Plitsch platsch – da steht Vati. Keiner weiß, wer am erschrockensten ist, er oder die Kinder oder der kleine Bär. Vati sieht ihn sofort.

„Was macht ihr denn hier? fragt er halblaut. „Habt ihr den Bären hier – und?"

„Ich wisch gleich alles weg!" stammelt Monika mit einer vor Angst winzigen Stimme, „wir – wir – wir –"

Vati macht ein paar Schritte. Da sieht er Wuschis Korb, das Blechkästchen mit Torfmull, den Futternapf – er guckt das alles an, dann seine Tochter. Sie sieht an seinen Augen, daß er alles versteht. Laut weinend verbirgt sie ihr Gesicht in Wuschis Fell, den sie noch auf dem Arm hält.

„Aber Moni, aber, aber", sagt Vati. Und dann setzt er sich auf den Badeschemel und nimmt sein Kind samt Bär auf den

Schoß. „Nun wein doch nicht so, Moni, komm, komm."

Aber Monika weint und schluchzt, und sie hebt den Kopf nicht, während sie zwischen den Schluckern jammert: „Ich geb' ihn nicht her, er ist so zahm, er hat mich so lieb – ich will nicht mehr ohne ihn sein. Und ohne Geschwister – und ohne andere Tiere, immer alles nur geborgt haben und gar nichts dürfen. Kei-

nen Hund und keine Katze und kein Karnickel und keinen Wuschi..."

Stefan steht dabei, betreten, ohne ein Wort zu sagen. Vati streichelt über Monikas Haar. Dann sagt er leise:

„Monika, hör mir mal zu. Wenn du versprichst, nichts zu verraten, dann verrat ich dir was. Mutti und du, ihr solltet es noch nicht wissen, aber ich sage es dir jetzt. Kannst du den Mund halten?"

„Ja, Vati." Monika hebt ein kleines bißchen den Kopf. Das klingt ja ganz anders als sie erwartete; sie dachte natürlich, es würde sofort heißen: ‚Der Bär muß weg!'

„Sieh mal, Monika, wir möchten ja auch draußen wohnen, allein, mit einem Garten und Bäumen und Blumen und allem, was dazugehört. Deshalb arbeitet Mutti ja auch mit. Nun weiß ich ein Häuschen, das wir kaufen können, übri-

gens gar nicht weit von der Gackelei entfernt, jedenfalls auf dem Wege dorthin – das bekommen wir. Wahrscheinlich sogar bald. Ich wollte es euch, dir und Mutti, aber erst zeigen, wenn es soweit ist. Dorthin ziehen wir, und dort kannst du einen Hund haben, oder eine Katze, oder Meerschweinchen, oder..."

„Den Wuschi? Ich will gar, gar nichts anderes als den Wuschi!" flüstert Monika mit zitternden Lippen. „Darf ich?"

„Natürlich! Den Wuschi! Auf alle Fälle! Nur – nichts verraten, nein? Für Mutti wäre es schlimm, vielleicht noch warten zu müssen. Deshalb –"

„Vielleicht geht es aber auch schnell?" fragt Monika sehnsüchtig.

„Ich kann es dir nicht versprechen, aber ich hoffe sehr", lächelt Vati. „Und es entscheidet sich dieser Tage. Freust du dich, Moni?"

„Oh!" Monikas nasses Gesicht strahlt auf.

„Wißt ihr was? Wir fahren gleich mal hin! Da kannst du dir schon alles ansehen, wenigstens von draußen. Und Stefan auch. Stefan wird uns hoffentlich weiter besuchen, vielleicht sogar öfter, weil es doch näher ist ..."

„Und ich darf den Wuschi behalten, auch wenn es noch ein bißchen dauert?" vergewissert sich Monika noch, ehe sie, den kleinen Waschbär fest an sich gedrückt, ins Auto klettert. Vati sieht die beiden an und lacht zärtlich.

„Du darfst. Ich verspreche es dir. Im Notfall geben wir ihn nochmal zu Stefan

in Pflege – nicht wahr, Stefan, das würde doch gehen? Ich sage ja nur: im Notfall. Wenn es nur noch ein paar Wochen dauert, ehe wir umziehen, mag er meinetwegen bleiben. Mutti hat sicher nichts dagegen, wenn du sie bittest."

„O Vati!"

Es ist gut, daß Stefan dabei ist. Denn jetzt muß Monika ihren Vater so fest um den Hals nehmen, daß der kleine Bär aus ihren Armen gleitet und auf den Sitz plumst. Aber Stefan ist ein guter und verläßlicher Freund und paßt schon auf, daß Wuschi dort sitzen bleibt. Und dann sagt Vati fröhlich:

„Ich hab mirs anders überlegt. Jetzt fahren wir erst in die Stadt und holen Mutti und erzählen ihr alles. Ich finde, die muß dabei sein, wenn wir unser neues Häuschen ansehen. Alle müssen dabei sein, du und ich und Mutti und Stefan – und

natürlich unser lieber, braver, kluger, sü-
ßer Wuschi. Dein Wuschi, Monika!"

Kinderfahrt

Saft

Lise Gast

Unser kleiner Esel Jan

Bilder von Rolf Rettich

Carl Habel Verlag

Habt ihr schon einmal ein neugeborenes Eselchen gesehen? Nein? Dann

solltet ihr Kerstin und Gesi besuchen. Die beiden haben nämlich eins – ein quicklebendiges, dunkelgraues, langbeiniges Eselkind. Von dem will ich euch erzählen.

Alle jungen Tiere sind lustige Spielgefährten. Kleine Katzen mit weichem Fell oder junge Hunde, tapsig wie Bären. Zicklein und Schafe, wie auf Osterpostkarten gemalt. Na, und erst die kleinen Ponys mit winziger Mähne, staksigen Beinchen und einem Schweif, der aussieht wie ein Hefezopf! Kerstin und Gesi erleben jedes Frühjahr, daß ein Pony ein Fohlen bekommt.

Die beiden kleinen Schwestern wohnen bei ihrer Großmutter, weil ihre Eltern viel auf Reisen sein müssen. Großmutter hat ein kleines Holzhaus am Wald. Ringsum liegen Wiesen, und um die Wiesen steht ein fester Holzzaun mit einer runden Querstange oben. Auf der kann man sitzen und mit den Beinen baumeln, während man den Ponys zuguckt, die auf der Weide grasen.

Seit diesem Frühjahr steht noch ein Esel dabei, richtiger: eine Eselin, die Großmutter geschenkt bekam. Sie ist hellgrau, hat lange Ohren, die sie vor- und zurückklappen kann, einen langen, dünnen Schwanz mit einer komischen Quaste daran und sanfte, gute Augen. Sie heißt Esa.

Die Kinder lieben Esa, weil sie nie ausschlägt oder ein bißchen zuschnappt, was bei den übermütigen Ponys eben doch manchmal vorkommt. Und seit das Esel-

chen Jan geboren wurde, haben die Kinder Mutter Esa noch einmal so lieb.

Jan ist dunkler als seine Mutter, und ein wolliges Fell wärmt ihn in den kühlen Nächten. Er hat lange, dunkle Ohren und einen dicken Kopf mit einer vorgewölbten Stirn. Auf dieser Stirn kräuseln sich seidige Haare mit einem Wirbel mittendrin – daran kann man Jan von allen anderen Eseln unterscheiden.

Jans Beinchen sind dünn, aber springen kann er damit, daß man staunt. Wenn er neben Mutter Esa herläuft, macht er ab und zu mitten im Trab kleine Bocksprünge. Oder er schlägt plötzlich vor lauter Übermut mit einem Hinterbein zur Seite aus. Das ist so drollig anzusehen, daß Kerstin und Gesi sich nie das Lachen verbeißen können.

Seit Jan da ist, wären die beiden am liebsten den ganzen Tag über auf der Weide. Jetzt im Sommer blinzelt die Sonne zeitig über die Baumkronen, als könnte sie es nicht erwarten, Jan begrüßen zu dürfen. Und abends findet sie kaum in ihr Himmelshaus zurück, so schön ist die Welt.

Aber Kerstin muß sich jeden Morgen von den Ponys und den beiden Eseln trennen und mit ihrem kleinen roten Fahrrad in die Schule flitzen, denn sie ist schon sieben Jahre alt. Manchmal spannt Großmutter auch ein und fährt mit der Ponykutsche ins Städtchen, dann darf Gesi mit.

Die Ponys Schimmelchen und Räppchen laufen flink vor dem kleinen Zweispännerwagen, auf den in der Stadt

die Einkäufe geladen werden: Tüten mit Mehl und Zucker, Brote, Stoff für neue Kleider, wenn die alten ausgewachsen sind, und die Schuhe, die beim Schuster waren. Jan möchte immer mit. Aber das wäre zu gefährlich, denn der Weg führt über die Autostraße, und Jan weiß noch nicht, was Kerstin genau weiß: daß man nur über den Zebrastreifen gehen darf. Sie schiebt jeden Morgen ihr Rad dort hinüber, wenn kein Auto von rechts oder links kommt.

Wenn die Kinder in die Stadt fahren, stellen sie Jan und Esa zum Trost eine Schüssel mit Mohrrüben hin. Dann sind die Esel mit fressen beschäftigt und merken nicht so, daß sie allein bleiben.

Jan kommt mit Vorliebe ins Haus spaziert. Er ist sehr neugierig und muß alles genau untersuchen. Er schnuppert am Radio, und ehe man sich's versieht, hat er die Decke vom Tisch gezogen, daß Tassen, Brot und Marmelade auf die Erde kullern. Oder er knabbert die Sitzkissen der Eckbank an.

Kaum hat man ihn von dort verjagt, steckt er sein Schnäuzchen in den Katzennapf, und eins, zwei, drei ist der leer. Die Kinder schreien. Sie gönnen Jan die Milch, aber für die zwei Kater muß auch etwas übrigbleiben. Die nächtliche Mäusejagd macht durstig!

„Das kommt davon, daß ihr den Esel ins Zimmer laßt!" sagt Großmutter.

Kerstin verspricht dann, frische Milch mitzubringen. Sie kann die Milchkanne vorn an die Lenkstange hängen, wenn sie zur Schule radelt. Da lacht Großmutter und ist nicht mehr böse auf Jan.

Einmal kommt Gesi ins Wohnzimmer und sieht Jan auf der Couch liegen. Er ist hinaufgesprungen, hat gemerkt, wie

weich das Polster ist, und sich zwischen den Kissen zusammengekuschelt. Die Couch ist grün bezogen, da hat er sicher gedacht, es wäre eine Wiese. Gesi stürzt zu Großmutter und zieht sie ins Wohnzimmer.

„Das fotografieren wir!" sagt Großmutter lachend. Und so wird Jan auf der Couch für die Ewigkeit festgehalten.

„Damit Muck es auch glaubt!" sagt Kerstin.

Muck ist auch ein Enkel von Großmutter, ein Jahr älter als Kerstin. Er kann aber nur in den Ferien hier sein, weil er bei seinen Eltern wohnt. Eigentlich heißt er Matthias, doch als er noch ganz klein war, sagte sein Vater immer, der Name sei viel zu lang für einen so kurzen Jungen. Und er nannte ihn „kleiner Muck". Das ist nun so geblieben, obwohl Muck jetzt schon fast einen Kopf größer ist als Kerstin.

Kerstin und Gesi freuen sich schon darauf, Muck das Eselchen zeigen zu können – ihren kleinen Jan, der an einem Sonntag im Mai geboren wurde. Nie werden die Kinder diese Nacht vergessen.

Sie wachten davon auf, daß die Ponys so seltsam röhrten. Kerstin hörte sofort, daß es anders klang als sonst. Sie saß aufrecht im Bett und horchte, während

Gesi, die Stubsnase im Kissen, noch fest schlief.

Da ist was los! dachte Kerstin und kroch vorsichtig aus dem Bett. Im Schlafanzug und barfuß tappte sie hinaus auf die taufeuchte Wiese. Von fern sah sie schon die beiden Ponys stehen, Schimmelchen und Räppchen, und daneben Esa. Was aber stand da bei der Eselin – klein, dunkellockig und naß? Ein Eselchen! Ein neugebornes Eselkind!

„Großmutter! Großmutter!" schrie Ker-

stin, und ihre Stimme überschlug sich fast. „Großmutter, du mußt herkommen, schnell, schnell!"

Und Großmutter, die von dem seltsamen Laut auch wach geworden war und sich schon angezogen hatte, kam über die Wiese gelaufen, so schnell, wie Großmütter sonst eigentlich nicht rennen. Und hinter ihr her tappte Gesi – verschlafen, im Nachthemd und mit nackten Füßen.

Da standen sie nun und staunten.

Ein Wunder! Woher mochte das Eselkind gekommen sein? Gesi schmiegte sich an Großmutter und machte große Augen, und Kerstin ging ganz, ganz langsam und vorsichtig mit winzigen Schritten auf das Tierchen zu, beugte sich hinunter und legte beide Hände um seinen Kopf.

„Gehört es uns, Großmutter?" fragte Gesi atemlos.

Großmutter nickte. Dann nahm sie das kleine Tier behutsam auf den Arm und trug es zum Stall. Esa folgte ihr, und die Kinder liefen rechts und links mit.

„Wo war es denn vorher, Großmutter?" fragte Gesi.

„Im Leib seiner Mutter", erklärte Großmutter, „so wie ihr früher in eurer Mutter wart. Deshalb haben ja Mütter ihre Kinder auch so lieb. Seht mal, wie anders

Esa jetzt guckt, wenn sie ihren Kleinen betrachtet!"

Wirklich, Esa schien ihr Junges liebevoll und zärtlich anzuschauen, wie eine glückliche Menschenmutter – die Kinder sahen es genau.

„Geradeso gucken auch die Ponys, wenn sie ein Kind bekommen haben, und die Kühe", erzählte Großmutter, während sie das Eselchen im Stall vorsichtig absetzte, „und die Schafe und die Ziegen. Alle Mütter. – Und nun wollen wir unserm Baby ein schönes Bettchen zurechtmachen."

Kerstin kletterte die Heubodentreppe hinauf und warf ein paar Bündel Stroh herunter, und Gesi breitete es locker und einladend dick aus. Darauf bettete Groß-mutter den kleinen Esel, und Esa stellte sich daneben. Bald aber stand das Eselchen schon wieder auf den Beinen, tappte zur Mutter und suchte mit dem Schnäuzchen das Euter. Denn nun wollte es trinken – schöne, warme, süße Muttermilch, das Beste für kleine Esel und kleine Kinder.

Jans Schnäuzchen hob sich weiß von seinem dunklen Fell ab. Alle jungen Esel haben weiße Schnäuzchen. Und dieses Schnäuzchen suchte nun und schnüffelte an Esas Bauch herum, bis es das Euter gefunden hatte, und saugte sich daran fest. Ab und zu leckte die kleine rote Zunge über die Lippen.

Kerstin und Gesi konnten sich nicht trennen. Sie hockten sich ins Stroh und waren ganz still. Auch Großmutter hatte sich auf einen umgestülpten Holzeimer gesetzt. Man hörte Jan schmatzen und saugen, und die Sonne stieg höher und warf bald ihre ersten Strahlen in den Stall, als wollte auch sie den kleinen Esel begrüßen.

Eselkinder werden sehr schnell selbständig. Schon ein paar Tage später lief Jan mit seiner Mutter auf der Weide herum, neugierig bestaunt von den Ponys, knabberte am Grünfutter und steckte das Schnäuzchen in den Tränkeimer. Sobald Kerstin mittags vom Fahrrad gesprungen war, rannte sie auf die Weide, und immer wieder mußte Großmutter mahnen, daß erst die Schularbeiten kämen und dann das Vergnügen.

Gottlob werden aber jetzt die Tage länger und länger; und dann sind die Ferien da, und Großmutter holt mit der Ponykutsche Muck vom Bahnhof ab. Natürlich haben Kerstin und Gesi nichts Eiligeres zu tun, als ihrem Gast das Eselkind zu zeigen. Stolz beobachten sie, wie Muck ihren Jan bestaunt.

Nun sind sie zu dritt, und mit Schularbeiten ist es auch für lange, lange wundervolle Wochen vorbei. Zu dritt frühstükken sie in Großmutters gemütlicher Küche oder auf den Verandastufen. Von dort kann man bis zur Weide hinübersehen – und wann zöge es die Kinder nicht zu den Tieren?

Muck denkt sich lustige Dinge aus. Er sucht sich ein altes Ponygeschirr, schnallt daran herum und ändert es, probiert es Esa an und spannt sie vor Großmutters vierrädrigen Handwagen. Nun noch zwei Kissen hinein, auf die sich Kerstin und Gesi setzen müssen. Er selbst balanciert seitlich auf dem Wagenrand, die Zügel in der Hand, um abspringen zu können, wenn es nötig ist. Los!

Esa fängt sogleich an zu ziehen. Sie muß wohl schon früher vor einem Wagen gegangen sein. Nur sieht sie sich dauernd um, ob Jan auch mitkommt.

„Wir müssen Jan voranlaufen lassen!" sagt Muck.

Kerstin klettert sofort aus dem Wagen. Natürlich, wenn Jan vorausläuft, wird Esa hinterherrennen, das ist klar. Kerstin scheucht Jan mit lautem „Hussa, he!" und wedelt mit einem Zweig. Jan saust los. Und Mutter Esa rennt hinter-

her; das Wägelchen nachziehend, daß es schneller geht als mit der Ponykutsche. Die Kinder kreischen vor Vergnügen.

Plötzlich fällt es Jan ein, rechts vom Weg den Hang zur Wiese hinunterzuspringen. Muck ist nicht darauf gefaßt, daß Mutter Esa sofort hinterherwill, und schon saust der Wagen den Hang hinunter und kippt natürlich um. Kerstin und Muck springen rechtzeitig ab, aber Gesi fliegt in weitem Bogen auf die Wiese. Kerstin steht da und lacht und lacht, und Muck muß auch lachen.

„Ihr seid gemein!" jammert Gesi und tut, als hätte sie sich furchtbar weh getan. Aber die beiden andern wissen genau, daß man sich auf einer Juliwiese mit dickem Gras nicht Hals und Beine bricht. Muck übergibt Kerstin die Zügel und hebt Gesi auf.

„Beim Eselwagen-Fahren ist es genau wie beim Reiten: wer beim Runterfallen heult, kommt das nächste Mal nicht wieder mit", sagt er. Da wischt sich Gesi schnell die Tränen ab.

Sie fahren nun oft mit ihrem Eselwagen aus, suchen für Großmutter Rinde, Tannenreisig und Kleinholz, und immer ist Jan dabei. Die Kinder können sich gar nicht mehr vorstellen, wie sie früher ohne Jan gespielt haben.

Muck entdeckt immer wieder etwas, das die anderen nie bemerkt haben. So hat er beobachtet, daß Jan im Stall gern an einer bestimmten Wand steht, aufmerksam bald nach oben, bald nach der Seite guckt und dann plötzlich den kleinen Dickkopf schüttelt, daß die Ohren klatschen. Muck hockt sich hinter Jan und beobachtet ihn mit angehaltenem Atem. Und da sieht er etwas Drolliges...

Wer Ponys hat, hat auch Mäuse. Sie interessieren sich nämlich für den Inhalt der Haferkiste. In jedem Reitstall gibt es Mäuse. Daß sie aber an der Wand hinauf- und herunterlaufen und durch die Risse und Spalten schlüpfen, das wußte Muck noch nicht. Jan aber hat es gemerkt. Und als jetzt eine Maus in eins der Löcher kriecht, und ihr Schwänzchen hängt noch heraus, da nimmt Jan es zwischen seine seidenweichen Lippen und zieht die Maus wieder rückwärts aus dem Loch. Die hängt nun an seinem Schnäuzchen und zappelt und zappelt – und Jan wird es ungemütlich, und er schüttelt den Kopf, daß die Maus hin und her schlenkert und ihr Schwänzchen wegrutscht. Sie fällt 'runter und kann nun eilig das Weite suchen.

Muck gefällt das spaßige Spiel, das Jan sich da ausgedacht hat, und er holt Kerstin und Gesi dazu. Zu dritt sitzen sie im Stall und warten auf Mäuse. Schließlich kommt auch noch Großmutter. Alle vier finden sie dieses neue Jan-Spiel so lustig, daß sie am liebsten den Katern verbieten möchten, Mäuse zu fangen.

Muck beobachtet mit seinen Augen unterm braunen Haarschopf vieles, was die Mädchen nie gesehen haben: wie Jan versucht, bei Schimmelchen zu trinken, wenn Mutter Esa mal in der Sonne liegt und keine Lust hat aufzustehen, damit Jan ans Euter herankommt; oder wie er sich mit Räppchen neckt. Räppchen kommt jeden Morgen ans Koppeltor und steht dort so lange, bis jemand aus dem Haus guckt. Dann macht es: „Bitte, bitte" – das heißt, es stampft mit einem Vorderhuf auf. Meist laufen dann Kerstin oder Gesi ins Haus und kommen mit einer Schnitte Brot zurück.

Die aber frißt Räppchen nicht gleich auf. Es trägt die Scheibe in der Schnauze weg, sucht Jan und legt ihm das Brot vor die Nase. Jan guckt neugierig und etwas mißtrauisch. Er streckt den Hals.

Räppchen aber läßt ihn nicht aus den Augen. In dem Augenblick, da Jan mit seinen Seidenlippen zugreifen will, ist Räppchen da und schnappt sich das Brot.

Einmal, als die beiden sich wieder belauern und ausprobieren wollen, wer nun flinker ist, kommt auf einmal ein Rabe herbeigeflogen und erwischt das Brot. Räppchen und Jan gucken ihm mit erhobenem Kopf verblüfft nach. Kerstin verschluckt sich fast vor Lachen.

Als die Ferien vorbei sind, erzählt sie ihre Erlebnisse mit Jan auch in der Schule. Da kommt am nächsten Wander-

tag die ganze Klasse zu ihnen heraus, und alle Kinder bewundern Jan, Mutter Esa und die Ponys. Kerstin ist sehr stolz, und als ihre Schulfreunde sich verabschieden, darf Gesi noch ein Stück mitwandern, obwohl sie noch nicht zur Schule geht.

Ach ja, die Ferien sind um, und Gesi kommt sich recht verloren vor, seit Muck abgereist ist und Kerstin wieder jeden Morgen in die Schule radelt. Ein Glück, daß sie Jan hat!

Nun wird es Herbst. Die Hagebutten leuchten rot an Großmutters abgeblühten Rosenbüschen, und die Bauern haben das zweite Heu eingefahren.

Jetzt dürfen die Ponys jeden Morgen von der umzäunten Weide spazieren und sich die letzten Hälmchen von Nachbars

Wiesen pflücken. Auch die Esel gehen mit. Kerstin läßt sie früh heraus, wenn sie selbst zur Schule muß. Sie hat sich schon ein bißchen wärmer eingemummelt, denn morgens ist es kalt. Die Wiesen blinken vor Frische, und Kerstin hat eine kleine silbergraue Atemwolke vor dem Mund, wenn sie so dahinradelt.

Gegen Abend laufen dann beide Kinder hinaus und holen die Tiere heim. Manchmal sind die schon ein ganzes Stück auf den Wald zugewandert, jeden Tag ein bißchen weiter. Kerstin und Gesi beeilen sich, sie einzutreiben, ehe es finster wird, sonst findet man sie womöglich nicht mehr.

„Ach, das ist noch jeden Herbst gutgegangen", sagt Großmutter. „Ponys finden immer wieder zum Stall zurück, wenn sie den Weg einmal gelaufen sind."

Ponys ja – aber Esel?

Eines Abends kommen Kerstin und Gesi verstört zurück – sie haben Räppchen und Schimmelchen mitgebracht, aber die beiden Esel nicht.

„Sie sind weg, Großmutter!" stammelt Gesi und fängt an zu weinen. Großmutter ist auch erschrocken, versucht aber, die Kinder zu trösten.

„Wartet, ich komm' mit! Wir werden sie schon finden!"

Sie zieht eine Jacke über und steckt die Taschenlampe ein. Dann gehen sie in den Wald.

Dieser Wald ist Kerstin und Gesi so vertraut wie Stadtkindern die Straßen, durch die sie zur Schule gehen, oder die Spielplätze, wo sie als kleine Kinder Sandkuchen gebacken haben. Sie kennen den Wald im Sommer, wenn man sich hineinflüchtet, weil es im Holzhäuschen zu heiß ist; im Herbst, wenn er in den herrlichsten Farben von Gelb bis Purpurrot leuchtet; im Winter bei Rauhreif und Schnee; und im Frühling, wenn die Laubbäume und die Lärchen so hellgrün zwischen dem Nadelholz stehen – wenn er „scheckt", wie Gesi einmal gesagt hat. Die Kinder lieben den Wald.

Großmutter macht lange Schritte. Sie ruft, horcht, geht weiter. Und dann lacht sie plötzlich und zeigt mit der Hand nach vorn, dorthin, wo Nadelbäume ihre Äste tief herabhängen lassen – so tief, daß gerade Gesi noch, ohne sich zu bükken, darunterschlüpfen kann. Dort gukken ein paar weiße Beine hervor.

„Esa!" schreit Kerstin und krabbelt unter die Zweige. Sie weiß, daß hier auch manchmal die Ponys gestanden haben, wenn sie vor Regen oder Schnee Schutz suchten. Der Boden ist trocken und vol-

ler Tannennadeln, und Jan scheint dieses Polster sehr bequem zu finden. Seine Mutter steht noch, aber er hat sich bereits zum Schlafen hingelegt und zwinkert ein wenig mit seinen glänzenden Augen, als Gesi und Kerstin auf ihn zukriechen.

„Da bist du ja! Gott sei Dank!"

Jan wird umhalst und abgeküßt und gestreichelt, und da streckt er die Beinchen und steht auf, klappt die Ohren nach vorn und schreit zum erstenmal:

„I-ah! I-ah!"

Gesi und Kerstin halten sich lachend die Ohren zu. Eselgeschrei klingt wie das zehnfach verstärkte Knirschen einer rostigen Türangel. Esa hat anfangs auch geschrien, aber sie hat es sich schon längst wieder abgewöhnt.

„Esel schreien im allgemeinen nur, wenn sie Hunger haben oder sich ärgern", erklärt Großmutter, „das hab' ich mal gelesen."

„Ärgert sich Jan jetzt?" fragt Gesi mit aufgerissenen Augen. Großmutter lächelt. „Vielleicht ein bißchen. Weil ihr ihn beim Einschlafen gestört habt."

Friedlich ziehen sie alle miteinander heim. Kerstin und Gesi laufen mit den

Eseln vor Großmutter her – die lange, dünne Kerstin in Hosen und die kleine, runde Gesi wie fast immer im Kleidchen. Und Großmutter denkt wieder einmal: Beide sind einander so unähnlich, aber so einig in ihrer Liebe zu den Tieren. Wie gut, daß ich ihnen Tiere halten kann. Hätten wir Nachbarn, so würde denen Jans Stimme bestimmt nicht gefallen... Großmutter lächelt und freut sich, daß sie so einsam wohnt.

Von jetzt an erschrecken Kerstin und Gesi nicht mehr, wenn die Ponys einmal ohne die Esel heimkommen. Sie rennen dann gleich los und suchen, ohne Großmutter zu Hilfe zu rufen. Und sie finden die Esel meist bald.

Einmal aber finden sie Jan und Esa nicht.

Es ist ein bißchen später geworden als sonst. Großmutter mußte noch in die

Stadt, und Kerstin hat ihre Schularbeiten erst in letzter Minute angefangen. So laufen sie erst los, als es schon dämmert. Sie kommen ohne Esel zurück.

„Wenn es dunkel wird, müßt ihr daheim sein!" hat Großmutter bestimmt, und sie haben es versprochen. Sie setzen sich auf die kleine Treppe vor der Haustür und warten auf Großmutter.

Großmutter will ihnen eine Überra-

schung mitbringen, aber Kerstin und Gesi können sich gar nicht recht freuen.

Endlich, endlich hören sie Schritte – und Stimmen. Kommt Großmutter nicht allein?

Nein! Sie bringt Muck mit! Muck hat nämlich schon ein paar Tage eher Herbstferien als Kerstin, und Großmutter hat ihn vom Bahnhof abgeholt.

Das ist eine Freude! Für einen Augenblick vergessen sie sogar Esa und Jan. Aber dann erinnern sie sich wieder an ihren Kummer und erzählen Großmutter von den beiden Ausreißern.

„Jetzt ist es zu spät zum Suchen", sagt Großmutter. „Warten wir erst mal ab. Vielleicht kommen sie von selbst."

Wenn Großmutter das sagt, kann es schon stimmen. Die Kinder gehen mit ihr in die Küche und setzen sich um den Tisch. Großmutter teilt die Suppe aus, die sie vorhin warm gestellt hat. Wenn man erst etwas Ordentliches im Magen hat, ist man gleich ein wenig zuversichtlicher.

Aber als die Kinder später noch einmal hinausschauen, haben Jan und Esa immer noch nicht heimgefunden. Großmutter schickt die drei ins Bett, sie ist selbst müde.

„Morgen findet sich sicher Rat", meint sie.

Kerstin und Gesi können nicht einschlafen. Sie hocken wach in ihren Betten und horchen. Nach einer Weile geht ganz, ganz leise die Tür auf. Muck kommt im Schlafanzug herein.

„Ihr könnt nicht einschlafen, weil ihr immerzu an die Esel denkt?" fragt er. „Mir geht es genauso. Wollen wir noch mal nachsehen?"

„Jetzt, in der Nacht? Wir haben sie

ja nicht gefunden, als es noch hell war", sagt Kerstin.

„Freilich", sagt Muck. „Aber wir können doch nicht einfach nur abwarten..."

Gesi fängt an zu weinen.

„Ob der Fuchs ihnen was tut?" schluchzt sie.

„Ach wo!" tröstet Muck. „Füchse tun ihnen bestimmt nichts, die haben Angst vor Esas Hinterbeinen. Esa schlägt bestimmt aus wie wild, wenn jemand an ihr Kind heranwill."

„Wir müßten einen Hund haben, der sie suchen könnte", sagt Kerstin nachdenklich. Sie sitzt im Bett, die Arme um die angezogenen Knie geschlungen, das

Kinn aufgestützt, und denkt nach. „Warum hat Großmutter keinen Hund?"

„Weil er im Wald wildern würde. Die meisten Hunde wildern", erklärt Muck. „Aber vielleicht würde ein Hund sie wirklich finden. Hunde haben gute Nasen, deshalb... Ich hab's!" unterbricht er sich und guckt triumphierend von Kerstin zu Gesi. „Ich weiß, wie wir es machen! Wir gehen noch mal suchen, aber wir nehmen eins von den Ponys mit!"

„Meinst du?" In Kerstins Augen blitzt ein Hoffnungsschimmer auf, und Gesi krabbelt sogleich aus dem Bett und zieht eine Trainingshose über den Schlafanzug.

„Also los!" ruft Muck unternehmungslustig. „Vorwärts, Kerstin, zieh auch was drüber! Ich bin sofort wieder da!"

Leise, leise wie die Mäuschen schleichen die drei Kinder aus dem Haus.

Kerstin weiß, wo Großmutter die Taschenlampe aufbewahrt, und Muck leuchtet damit in den Stall. Dort stehen Räppchen und Schimmelchen und kauen ihr Heu. Muck schnallt Schimmelchen den Zügel ein.

„Du bekommst nachher noch genug,

erst mußt du uns suchen helfen!" sagt er. „Oder nehmen wir beide mit?"

„Lieber beide", entscheidet Kerstin nach kurzem Überlegen. „Sie sind so aneinander gewöhnt, daß Schimmelchen bestimmt immerzu nach Hause drängen würde, wenn Räppchen nicht mitginge."

„Richtig!" sagt Muck. Gleich darauf gehen sie über die Wiese, die beiden Ponys hinter sich herziehend.

Es ist gar nicht so finster, wie sie gedacht haben. Der Mond steht als schmale Sichel über dem Wald. Ein bißchen leuchtet er schon, und die Augen gewöhnen sich an die Dunkelheit.

„Wo habt ihr sie vorhin gesucht?" fragt Muck. Kerstin erklärt es ihm. Sie schlagen jetzt eine andere Richtung ein. Als sie weit genug vom Haus entfernt sind, fangen sie an zu rufen, zu locken.

„Esa, Esa! Jan, wo bist du? Kommt, kommt, kommt!"

Keine Antwort. Der Wald ist still, kein Vogelruf, nichts. Die Kinder tappen dahin, horchen, rufen wieder: Gesis kur-

ze Beinchen werden müde. Sie sagt nichts, fängt aber an zu stolpern.

„Komm, ich setz' dich drauf", sagt Muck und hebt sie auf Räppchen.

Auf einmal bleibt Schimmelchen stehen.

„Was ist denn?" fragt Kerstin, die Schimmelchen führt. Im nächsten Augenblick wiehert das kleine Pferd hell und

durchdringend in die Nacht hinein, und da antworten vertraute Stimmen. Wahrhaftig:

„I-ah! I-ah!" ertönt es zweistimmig, gar nicht weit von ihnen entfernt.

„Da sind sie, da sind sie!" jubeln die Kinder. Kerstin und Muck rennen vorwärts, die Ponys hinterdrein. Und da sind sie wirklich - Esa und Jan! Da stehen sie in der fahlen Herbstnacht, und als sie die Kinder und ihre vierbeinigen Kameraden sehen, kommen sie ihnen sofort entgegen. Es war ihnen wohl auch nicht ganz geheuer, so allein im Wald!

„Da seid ihr ja, da seid ihr!" ruft Kerstin und umhalst Esa, und Gesi läßt sich von Räppchens Rücken gleiten und küßt Jan auf die Nase. Muck strahlt.

„Was hab' ich gesagt? Die Ponys finden sie!"

Nun ist alles gut.

„Nach Hause reiten wir!" bestimmt Muck. „Gesi kommt auf Esa, sie ist am leichtesten. Esa ist ja nicht dran gewöhnt, Lasten zu tragen." Er legt der Eselin einen Führriemen um den Hals, den er vorsorglich mitgenommen hat.

„Und ich reite auf Schimmelchen!" ruft

Kerstin selig. „Komm, mein Weißes, jetzt geht es heim, da braucht man euch nicht zu zerren wie vorhin!"

Und tatsächlich setzt sich Räppchen in Bewegung, sobald Muck auf seinen Rücken gesprungen ist. Schimmelchen trabt hinterher, und die beiden Esel schließen sich ihnen an.

Muck braucht Esa gar nicht am Riemen zu führen.

„Halt dich an Esas Mähne fest!" rät er Gesi, und die muß lachen. Esa hat gar keine richtige Mähne wie die Ponys, nur einen dünnen, kurzen Stehkragen. Aber sie läuft so behutsam, daß Gesi bestimmt nicht herunterfällt. Jan hopst voran.

Diesen Nachtritt werden sie nie vergessen! Als sie die geliebten grauen Vierbeiner daheim auf der Weide haben, seufzt Muck erleichtert und hakt das Tor zu. Dann bringen sie die Ponys zurück in den Stall.

Am nächsten Morgen wecken die Kinder Großmutter mit der Nachricht, daß Esa und Jan da sind, und erzählen ihr nächtliches Abenteuer.

„Du bist doch nicht böse, daß wir noch mal losgegangen sind?" vergewissert sich

Kerstin, und Gesi schmeichelt: „Wir waren ja nicht allein!"

„Nein, ich war mit!" sagt Muck im Vollgefühl seiner Männlichkeit. „Ich hab' sie beschützt!"

Sonderausgabe für Carl Habel GmbH, Darmstadt
Einbandgestaltung: Uta Ellermann, München
unter Verwendung einer Illustration von Rolf Rettich
Gesamtherstellung: Carl Habel GmbH, Darmstadt
Druck und buchbinderische Weiterverarbeitung:
Chemnitzer Verlag und Druck GmbH, Werk Zwickau
Printed in Germany
ISBN 3-87179-215-2

Kinderfahrt